AF314373

18 MAI 1887

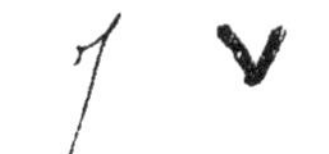

CATALOGUE

D'UN

ÉLÉGANT MOBILIER

ET DES

OBJETS DE CURIOSITÉ

Bronzes, Terres cuites, Antiquités, Minéraux, Porcelaines, Faïences

TABLEAUX

ANCIENS ET MODERNES

Meubles de style, Ameublements de Salon, Consoles, Tables
Vitrines, Sièges en bois doré, Cabinets, Billard, etc., etc.

BRONZES D'AMEUBLEMENT

Deux beaux Candélabres, d'après Clodion

DONT LA VENTE, POUR CAUSE DE DÉCÈS, AURA LIEU

HOTEL DROUOT, SALLE N° 2

Le Mercredi 18 Mai 1887

A DEUX HEURES

Mᵉ PAUL CHEVALLIER	M. CHARLES MANNHEIM
COMMISSAIRE-PRISEUR	EXPERT
10, rue de la Grange-Batelière, 10	7, rue Saint-Georges, 7

EXPOSITION PUBLIQUE

Le Mardi 17 Mai 1887, de 1 heure à 5 heures

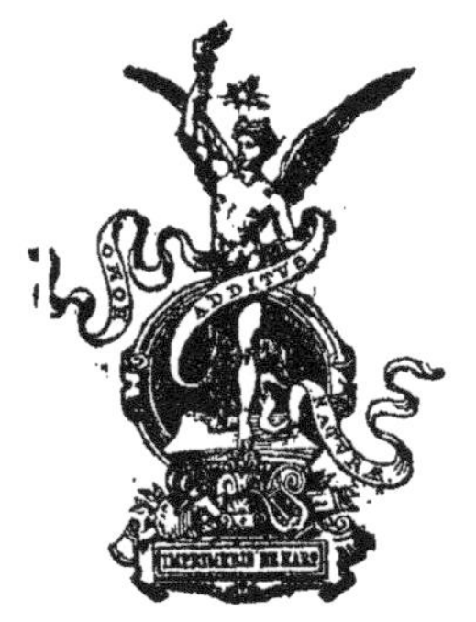

CATALOGUE

D'UN

ÉLÉGANT MOBILIER

ET DES

OBJETS DE CURIOSITÉ

Bronzes, Terres cuites, Antiquités, Minéraux, Porcelaines, Faïences

TABLEAUX

ANCIENS ET MODERNES

Meubles de style, Ameublements de Salon, Consoles, Tables
Vitrines, Sièges en bois doré, Cabinets, Billard, etc., etc.

BRONZES D'AMEUBLEMENT

Deux beaux Candélabres, d'après Clodion

DONT LA VENTE, POUR CAUSE DE DÉCÈS, AURA LIEU

HOTEL DROUOT, SALLE N° 2

Le Mercredi 18 Mai 1887

A DEUX HEURES

Mᵉ PAUL CHEVALLIER	**M. CHARLES MANNHEIM**
COMMISSAIRE-PRISEUR	EXPERT
10, rue de la Grange-Batelière, 10	7, rue Saint-Georges, 7

EXPOSITION PUBLIQUE

Le Mardi 17 Mai 1887, de 1 heure à 5 heures

CONDITIONS DE LA VENTE

Elle sera faite au comptant.

Les acquéreurs paieront, en sus des adjudications, *cinq pour cent* applicables aux frais.

L'Exposition mettant le public à même de se rendre compte de l'état des objets, il ne sera admis aucune réclamation une fois l'adjudication prononcée.

Paris. — Imp. de l'Art. E. MÉNARD et J. AUGRY
41, rue de la Victoire, 41

DÉSIGNATION DES OBJETS

TABLEAUX MODERNES

1 — **Bertaut (H.)**, 1858. *Zouave en maraude.*

2 — **Bielschowsky** (Naples, 1869). *Jeunes Filles sous une tonnelle.*

3 — **Bielschowsky.** *Marchande napolitaine sur le port* et *la Petite Bergère.* Deux pendants.

4 — **Coignet (J.).** *Pont sur un torrent.*

5 — **Coignet (J.).** *Torrent dans les Alpes.*

6 — **Coignet (J.).** *Un Lac en Suisse.*

7 — **Damschroder (J. J. M.).** *La Joueuse de guitare.*

8 — **Daveau.** *Villageoise montée sur un âne.*

9 — **Daveau.** *Deux marines.*

10 — **Dreux-Dorcy**. *Jeune Fille dans le bois.*

11 — **Forster (G.)**, 1861. *Fruits.* Deux pendants.

12 — **Grund (J.)**, 1865. *Les Brigands italiens.*

13 — **Guiaud (J.)**, 1854. *Bords de la Méditerranée.*

14 — **Hirsch**. *Paysage suisse ; effet de neige.*

15 — **Hirsch**. *Le Torrent.* Pendant du précédent.

16 — **Kaiser (E.)**. *Paysage.*

17 — **Le Gentile**. *La Moisson.*

18 — **Lépaulle (G.)**. *Retour des courses, à Baden.*

19 — **Lépaulle (G.)**. *Sanglier cerné par les chiens.*

20 — **Mazerolle**, 1865. *La Cène.*

21 — **Saal (G.)**, 1854. *Baigneuses dans la forêt.*

22 — **Tournemine (Ch. de)**. *Paysage d'Orient.*

23 — **École moderne**. *Femme italienne tenant un éventail.*

24 — **École moderne**. *Ville de Hollande par un temps de neige.*

DESSINS

25 — **Sinner** (**M.**), 1863. *Jeunes Filles.* Deux pastels.

26 — Plusieurs aquarelles sous ce numéro.

GRAVURES

27 — Plusieurs gravures encadrées sous ce numéro.

TABLEAUX ANCIENS

---

28 — **Cortone** (**P. B., dit Pietre de**). *Mariage mystique de sainte Catherine.*

29 — **Gryef (Ant.)** *Légumes et ustensiles de ferme.* Deux pendants. Signés.

30 — **Guido Reni** (Attribué à). *Sainte Catherine d'Alexandrie.* Figure à mi-jambes, grandeur nature.

31 — **Huysmans** (**G.**). *Paysage boisé avec baigneuses et pâtres.* Signé.

32 — **Knip** (**J. A.**). *Le Passage du gué.* Signé.

33 — **Sarto** (École de **A. del**). *Sainte Famille.*

34 — **Sasso-Ferrato** (Attribué à). *La Vierge et l'Enfant Jésus endormi.*

35 — **Stry** (Attribué à **Van**). *Vaches au bord de la rivière.*

36 — **Stry** (Attribué à **Van**). *Vaches au bord de la rivière.*

37 — **Tintoret** (École du). *Jésus au mont des Oliviers.*

38 — **Titien** (D'après). *L'Assomption de la Vierge.* Bonne copie dans un cadre italien doré à larges feuilles sculptées et découpées à jour, enrichi de dix médaillons peints à l'huile et représentant les portraits des grands artistes de l'Italie.

39 — **École bolonaise.** *La Madeleine.*

40 — **École espagnole.** *Sainte Thérèse en prières.*

41 — **École flamande.** *Le Christ au roseau.*

42 — **École flamande.** *L'Adoration des Mages.*

43 — **École flamande.** Triptyque du xvie siècle. Tableau central : *l'Adoration des Bergers;* volets : *la Salutation angélique, la Vierge allaitant l'Enfant Jésus.*

44 — **École italienne.** *Portrait d'homme.*

45 — **École italienne.** *Saint Jean.*

46 — **École italienne.** *Paysage et figures.*

47 — **École italienne.** *Repos de la Sainte Famille.*

48 — **École italienne.** *Une Sainte* et *Saint François*, figures en buste, dans des cadres de style gothique. Deux tableaux.

COPIES

D'APRÈS LES MAITRES ANCIENS

49 — *Portrait d'un Médicis*, d'après TITIEN.

50 — *Une Sibylle*, d'après GUERCHIN.

51 — *La Madeleine*, d'après GUERCHIN.

52 — *Une Sibylle*, d'après GUIDO RENI.

53 — *Gentilhomme à cheval*, d'après RUBENS.

54 — *La Vierge au chardonneret*, d'après RAPHAEL.

55 — *La Vierge endormie*, d'après le CORRÈGE.

56 — *La Sainte Famille aux anges*, d'après VAN DYCK.

57 — *La Vierge, l'Enfant Jésus et deux saintes,* d'après LUINI.

58 — *La Vierge et l'Enfant Jésus,* d'après MURILLO.

59-60 — *Adam et Ève* et *Sujet allégorique,* d'après TINTORET.

61 — *Les Saintes Femmes au tombeau du Christ,* d'après un maître vénitien.

62 — *Jésus et les trois Marie.* Pendant du précédent.

63 — *La Nativité,* d'après un maître italien, dans un cadre doré à colonnes torses, supporté par une console.

64 — *Anges musiciens,* d'après FRA BEATO ANGELICO. Peintures sur fond d'or, placées dans des cadres de style gothique à colonnettes torses et fronton triangulaire. Deux tableaux.

65 — *La Madeleine,* d'après GUIDO RENI.

66 — *Lucrèce,* d'après GUERCHIN.

67 — *La Vierge,* en buste, d'après CARLO DOLCI.

68 — *Dame vénitienne tenant une jardinière,* d'après TITIEN.

69 — *Les Bulles de savon,* d'après MIÉRIS.

70 — Plusieurs copies non cataloguées.

PORCELAINES

71 — Coupe ovale en porcelaine tendre, à double
médaillon : jeux d'enfants et paysage sur fond
gros bleu. Monture en bronze doré à pied
formé de figurines de satyres reliées par des
guirlandes.

72 — Vase ovoïde en porcelaine de Berlin, à pied
et col dorés et corps à fond bleu, décoré de deux
vues de ville.

73 — Lampe en bronze de style rocaille, avec corps
en porcelaine décorée, représentant la vue d'un
casino.

74 — Vase couvert en Japon, décoré en bleu, avec
support en bois sculpté.

75 à 84 — Porcelaines de Saxe et d'Allemagne :
Trente groupes et figurines en porcelaine de
Saxe, de Frankenthal, de Hœchst, etc.

85 à 89 — Écuelles, corbeilles, tasses et pièces
d'étagère en porcelaine décorée de diverses
fabriques.

90. — Grosse bouteille en porcelaine du Japon, sur-
décorée à froid.

91 — Deux bouteilles à pans en porcelaine de
Chine, décorées de figures, vases et ornements
en émaux de la famille verte. Elles sont montées en bronze.

92 à 94 — Trois coupes en porcelaine de Chine et
du Japon, avec montures de bronze.

95 — Deux bouteilles en Chine, montées en bronze.

96 — Deux petits vases en Chine, avec montures
de bronze, branche de rosier, formant flambeau.

97 — Service en ancienne porcelaine de l'Inde,
décor à fleurs et oiseaux en émaux de couleur.

98 à 107 — Plats, de plusieurs dimensions et variés
de décor, en ancienne porcelaine de la Chine.

108 — Assiettes en vieux Chine.

109 — Théières, pots à crème, tasses en ancienne
porcelaine de Chine.

FAIENCES

110 — Deux vases en ancienne faïence de Castel-
Durante, à décor polychrome, fleurs et feuilles
sur fond bleu, avec médaillon représentant saint
Sébastien. Ils sont garnis d'une monture de
bronze doré formant lampes.

111 — Plat rond de même faïence, à trophées d'armes et écu armorié sur fond bleu. Cadre noir et or.

112 — Plat en faïence italienne, à décor polychrome : la Justice ; rinceaux et arabesques sur fond blanc. Cadre noir et or.

113 — Deux vases de pharmacie en ancienne faïence de Faenza, à décor polychrome : médaillons-bustes, banderoles à inscriptions et fleurs-arabesques sur fonds partiels, bleu et rouge.

114 — Médaillon en terre émaillée : buste de philosophe, dans le style des Robbia.

115 — Deux vases en faïence hollandaise, ayant chacun la forme d'une potiche, surmontée d'un cornet, fond laqué noir et médaillons à fleurs.

116 — Deux vasques en faïence italienne moderne de forme trilobée, et décorées intérieurement de sujets tirés de la mythologie.

117 — Lampe formée d'un vase en faïence ancienne, décorée en bleu et ocre rouge.

118 — Deux vases ovoïdes et à anses, en faïence italienne moderne, à décor polychrome : tritons et naïades; et deux socles cylindriques.

119 — Quatre vases à fleurs, en faïence italienne moderne, décorés de compositions mythologiques. Socles cylindriques en même faïence.

120 — Grand vase ovoïde à deux anses, en faïence italienne, à décor polychrome à armoirie.

121 — Deux vases en même faïence, anses à torsades et armoiries.

122 — Plaque allemande en faïence émaillée, représentant la Salutation angélique.

123 — Vase de pharmacie décoré en bleu.

124 à 126 — Sept plats en faïence italienne, avec cadres en chêne à filets noircis.

127 — Bénitier en faïence italienne.

128 — Vase en faïence italienne décoré d'un sujet mythologique, avec anses serpents s'appuyant sur des masques de faunes.

129 — Deux tabourets en faïence à décor polychrome, à figures mythologiques et ornements, simulant, chacun, trois coussins superposés.

130 — Cinq tabourets carrés en faïence, se composant d'un coussin supporté par des griffons adossés.

131 — Quatre vases à fleurs, forme Médicis, décorés en bleu dans le style rouennais.

OBJETS D'ART VARIÉS

132 — Miniature sur ivoire : la Vierge et l'Enfant Jésus, d'après *Murillo*. Cadre italien sculpté.

133 — Miniature sur vélin, signée Nardelli : la Vision d'Ézéchiel, d'après *Raphael*.

134 — Autre miniature signée Nardelli : la Sainte Famille aux anges, d'après *Raphael*.

135 — Deux miniatures dans le même cadre : Mère de douleurs, Christ au roseau.

136 — Miniature : la Vierge et l'Enfant Jésus.

137 — Miniature : les Fiançailles de sainte Catherine, par Nardelli, d'après *Corrège*.

138 — Statuette en bronze du xvii⁰ siècle : le Christ à la colonne, sur piédestal de marbre blanc avec plaques de marbre noir.

139 — Coffret à couvercle cintré, en laque. fond noir et feuillages dorés et rehaussés de burgau, garni d'écoinçons et d'un fermoir en cuivre doré.

140 — Petit tableau italien en glace étamée et gravée : la Mère de douleurs. Dans un cadre Louis XV doré.

141 — Petit tableau en broderie de soie, représentant le Couronnement d'une sainte.

142 — Christ en ivoire sculpté et croix en ébène appliquée sur fond de velours.

143 — Groupe en albâtre sculpté, représentant un Enlèvement.

144 — Char antique, petit bronze sur socle en marbre rouge.

145 — BRONZE. Cavalier turc démonté. Socle en jaune de Sienne.

146 — Deux petites lampes de style antique.

147 — Le Faune à l'enfant et deux aiguières de style antique, en serpentine.

148 — Jardinière de suspension, formée d'un couvercle de vase, en cuivre gravé de la Perse.

149 — TERRE CUITE. La Vierge et l'Enfant Jésus, groupe en bronze du XVIIe siècle.

150 — TERRE CUITE. Groupe : l'Éducation de la Vierge.

151 — TERRE CUITE. Bas-relief.

152 — TERRE CUITE. Statuette : l'Amour.

153 — Terre cuite et peinte. Groupe : les Brigands calabrais.

154 — Marbre. Trois bustes.

155 — Deux tableaux en broderie de soie : la Madeleine et Saint François.

156 — Deux bouteilles à long col, avec revêtement de cuivre ajouré, gravé et doré, de style Renaissance.

157 — Coffret en bois noir, enrichi de plaques en mosaïque de marbre de Florence.

158 — Coffret en laque et incrustations de burgau.

159 — Petit triptyque en os sculpté : la Vierge et quatre saints.

160 — Marbre rouge antique. Deux petites réductions de la colonne Trajane et de la colonne Antonine.

161 — Ancienne lanterne en fer.

162 — Collection de minéraux et de coquillages.

163 — Collection d'oiseaux empaillés.

164 — Objets de vitrine et d'étagère, tels que : terres cuites, marbres, figurines et vases en bronze, verrerie, etc.

ANTIQUITÉS

165 — COLLECTION DE VASES de différentes formes, en terre peinte; environ quarante pièces : lécythus, œnochoés, cratères, amphores, lampes.

166 — Lacrymatoires en verre, divinités égyptiennes en terre émaillée, petits bronzes antiques, fibules, fragments d'armes.

BRONZES D'AMEUBLEMENT

167 — Deux grands et beaux candélabres de style Louis XVI, à figures de bacchante et de faune, d'après *Clodion*, en bronze à patine brune, supportant des bouquets à douze lumières et reposant sur des embases cannelées et ornées, en bronze ciselé et doré.

Haut., 1 m. 35 cent.

168 à 170 — Six vases de style Louis XVI, en bronze, reposant sur des fûts de colonnes cannelées en marbre blanc. Des lampes s'adaptent dans ces vases.

171 à 173 — Six vases de même modèle, en bronze, et avec lampes; ils portent sur des plinthes de marbre blanc.

174 — Grande et belle garniture de cheminée en bronze ciselé et doré, à figures d'enfants jouant avec des oiseaux et tenant des guirlandes de fleurs : pendule et deux candélabres à dix lumières.

Hauteur des candélabres, 1 m. 10 cent.

175 — Grand lustre de salon en bronze, de style Louis XVI, garni de cristaux.

176 — Quatre appliques assorties au lustre.

177 — Chenets de style Louis XVI, modèle à vases enguirlandés et brûle-parfums.

178 — Jolie garniture de cheminée en bronze ciselé et doré, de style Louis XVI : pendule à guirlandes de roses, emblèmes de l'Amour, draperies et ornements de la maison *Marquis*, et deux candélabres à sept lumières chaque, modèle dit du Château des Tuileries, à trépied, vase et rinceaux.

179 — Deux chenets en bronze doré, modèle à vases à flammes, sur fûts cannelés et reliés par une galerie ornée.

180 — Suspension en bronze, à trois bras porte-lampes formés de rinceaux et de feuillages.

181 — Cartel en bronze ciselé et doré du temps de Louis XVI, modèle à vase, rubans et guirlandes.

182 — Suspension de salle à manger en cuivre argenté.

183 — Deux girandoles à sept lumières chaque, en cuivre argenté.

184 — Deux chenets à figures d'enfants et ornements de style Louis XIV.

185 — Plusieurs appliques porte-lampes en bronze.

MOBILIER

186 — Meuble de salon en bois doré, de style Louis XVI, recouvert en damas rouge feu. Il se compose de deux canapés à dos cintrés, deux fauteuils et dix chaises à dossiers ovales.

187 — Six grands rideaux en damas rouge feu, avec bonnes grâces, câblés et glands, et trois galeries style Louis XVI en bois doré.

188 — Pouf de milieu, en deux parties et à dossiers, avec quatre coussins en damas capitonné rouge feu.

189 — Coussins en tapisserie à la main et broderie.

190 — Tapis en tapisserie à la main, à fleurs sur fond blanc.

191 — Table de salon en bois sculpté et doré, de style Louis XVI, à dessus de marbre blanc.

192 — Deux consoles en bois sculpté et doré, à ceinture garnie de canaux et d'attributs, et pieds reliés par une traverse supportant un vase enguirlandé.

193 — Écran de cheminée en bois doré, à tore de laurier, avec feuille en tapisserie. Style Louis XVI.

194 — Jardinière en bois doré, formée d'une statuette de jeune fille tenant une guirlande et portant une corbeille sur la tête.

195 — Meuble de salon en bois doré, de style Louis XVI, recouvert en soie brochée à fleurs, guirlandes et rubans sur fond blanc. Il se compose de trois canapés, six fauteuils et quatre chaises.

196 — Quatre rideaux et lambrequins drapés, en étoffe pareille à celle du meuble qui précède, avec galeries en bois doré. Style Louis XVI.

197 — Table de salon en bois doré, style Louis XVI, à dessus couvert de drap rouge.

198 — Deux consoles demi-rondes, en bois doré, de style Louis XVI, à pieds cannelés, guirlandes et traverse d'entre-jambes supportant un vase. Dessus de marbre blanc.

199 à 201 — Chaises volantes en bois doré.

Ameublement de salle à manger, de style Louis XVI, en bois sculpté et à moulures noircies, composé de :

202 — Grand buffet à deux corps, le haut à portes vitrées, le bas à portes pleines ornées de médaillons sculptés à corbeilles de fruits.

203 — Table à rallonges.

204 — Quatorze chaises recouvertes en velours vert.

205 — Quatre rideaux de croisée avec lambrequins en velours vert.

206 — Tapis de table en tapisserie à la main.

207 — Meuble à deux corps et à quatre vantaux, en bois sculpté, à cariatides, mascarons, fruits, moulures et ornements Louis XIII. Les portes du corps supérieur recouvrent des tiroirs à têtes sculptées en haut-relief, oiseaux et animaux fouillés et ajourés.

208 — Console-applique en bois sculpté, à feuillages et cartouche armorié.

209 — Pendule religieuse Louis XIII, en marqueterie de cuivre et d'étain sur écaille, cantonnée de colonnettes détachées à bases et chapiteaux corinthiens en bronze, et surmontée d'un dôme à vases et balustrade.

210 — Cabinet Louis XIII sur sa table-console, en bois noir garni d'ornements rapportés en bronze.

211 — Gaine carrée en bois noir et marqueterie de cuivre et d'écaille, genre Boulle.

212 — Miroir en verre de Venise.

213 — Petit bureau de forme Louis XV, bois rose, palissandre et marqueterie, enrichi de cuivres et de plaques en porcelaine décorée.

214 — Entre-deux à hauteur d'appui, en bois noir et marqueterie de cuivre sur écaille, garni de bronzes.

215 — Table à jeu en marqueterie de bois, garni de cuivres.

216 — Table rectangulaire en bois doré, à coins arrondis, pieds surmontés de têtes chimériques et ceinture ornée de feuilles d'acanthe.

217 — Cabinet en laque de Chine, décoré d'ar-
bustes et d'oiseaux en dorure et burgau.

218 — Guéridon à tablette ovale de marbre portée
par une statuette d'enfant debout sur un socle
triangulaire en bois doré.

219 — Guéridon à tablette ronde en porcelaine
décorée représentant une vue de Baden sur pied
en bronze.

220 — Deux supports-guéridons en bois peint et
doré, à tiges cannelées et tablette ronde en
marbre turquin.

221 — Deux gaines carrées en bois de chêne, à
moulures et ornements sculptés.

222 — Quatre escabeaux en chêne, à pieds tors.
Style Louis XIII.

223 — Armoire en bois de chêne sculpté, à portes
décorées de douze panneaux en bas-relief représentant des figures de saints personnages, des
médaillons-bustes. Les angles sont cantonnés
de colonnes torses.

224-225 — Quatre gaines cannées en boir noir,
garnies de cuivres, rais de cœur, feuilles d'eau
et perles.

226 — Console rectangulaire Louis XVI, en bois sculpté, peint et doré, à tablette de marbre turquin.

227 — Petit cabinet en laque et burgau.

228 — Guéridon à tablette en mosaïque italienne, à ornementation de style antique, avec pied en bronze à figurines et ornements.

229 — Guéridon de Spa.

230 — Tabernacle italien du xviie siècle, en bois doré, d'aspect monumental, à statuettes placées sous des niches et à colonnes torses supportant un entablement que termine une balustrade.

231 — Écran en bois de rose garni de bronzes, avec feuille en broderie de soie.

232 — Deux tapis en tapisserie à la main.

233 — Lot de coussins en broderie et tapisserie.

234 à **238** — Ameublement d'antichambre, banquettes en chêne sculpté garnies de velours grenat, table-bureau et fauteuil assortis, rideaux de croisée et portières en velours grenat, avec bordures en reps imitant la tapisserie.

239 — Billard en bois noir, de Gerderès, à Paris, suspension d'éclairage en bronze, porte-queues et accessoires.

240-241 — Quatre meubles vitrés, en bois noir, à hauteur d'appui.

242 — Deux banquettes à dossiers, couvertes en reps gris.

243 — Banquette en forme de coffre, à dossier, en bois sculpté à compartiments en bas-relief, figures et ornements, et colonnettes torses.

244 — Six portières de velours grenat, avec bandes en tapisserie au point.

245 — Sous ce numéro, plusieurs tabourets, poufs, etc,, couverts en tapisserie; tissus brochés.

TAPISSERIES

246 — Portière en tapisserie ancienne d'Aubusson : scènes pastorales, bordée de chaque côté de lés de velours rouge.

247 — Autre, représentant des bergers.

248 — Quatre rideaux en tapisserie moderne d'Aubusson, à bouquets et festons de fleurs sur fond blanc.